L'oiseau Louis Louis entend avec ses oreilles magiques

Tanya Saunders
traduit par Dominique Guillou

L'oiseau Louis Louis a des **oreilles magiques** qui l'aident à **entendre.**

Il aime **écouter**...

les **abeilles bourdonner,**

bzz   bzz   bzz

le **vent** qui **souffle** dans les arbres,

shui shui shui

le **chien** marron qui **aboie**

ouaf ouaf

et la **grenouille** verte qui **saute**.

coaa coaa coaa

L'oiseau Louis Louis aime la **vache** qui **meugle**

meuh meuh

mais pas le **chat** qui **miaule.**

miaou   miaou

Le **lion rugit** fortement;

roah   roah

le **crocodile** aussi qui
claque sa machoire.

clap clap clap

Même une petite **souris** peut **couiner**

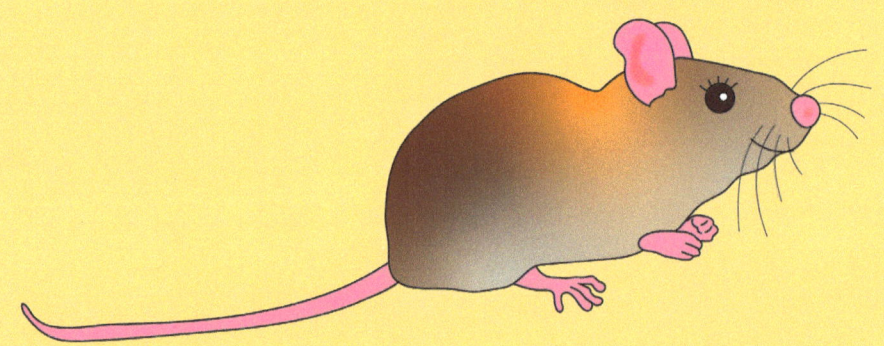

crr   crr   crr

et les **poussins** font
piou piou piou...

piou piou piou

L'oiseau Louis Louis a un petit **train** - *tchou tchou!*

tchou tchou

et une **chouette** -
hou hou, hou hou.

hou hou

Cet **homme** aime **rire**...

ah ah ah

Les **moutons** ne rient pas, ils **bêlent.**

bée   bée   bée

Cette **dame** a une **voiture** rouge

tut tut tut

et un **bébé** qui **pleure**.

quin   quin   quin

chut chut chut

Toute la journée l'oiseau Louis Louis **écoute** tous les **sons** différents avec ses **superbes oreilles magiques.**

bzz bzz

crr crr

bée bée

ouaf ouah

meuh meuh

coaa coaa

hou hou

tut tut

piou piou

miaou miaou

roah roah

tchou tchou

Maintenant, il est **fatigué** et c'est l'heure de **dormir**.

Il baille, baille, baille.

"Viens, mon **nounours**!"

mon nounours

L'oiseau Louis Louis aime
le son de la voix de son père
quand il lui dit:
"Je t'aime. Bonne nuit."

Il aime le son du bisou
de sa maman
quand elle lui dit:
"Je t'aime. Dors bien."

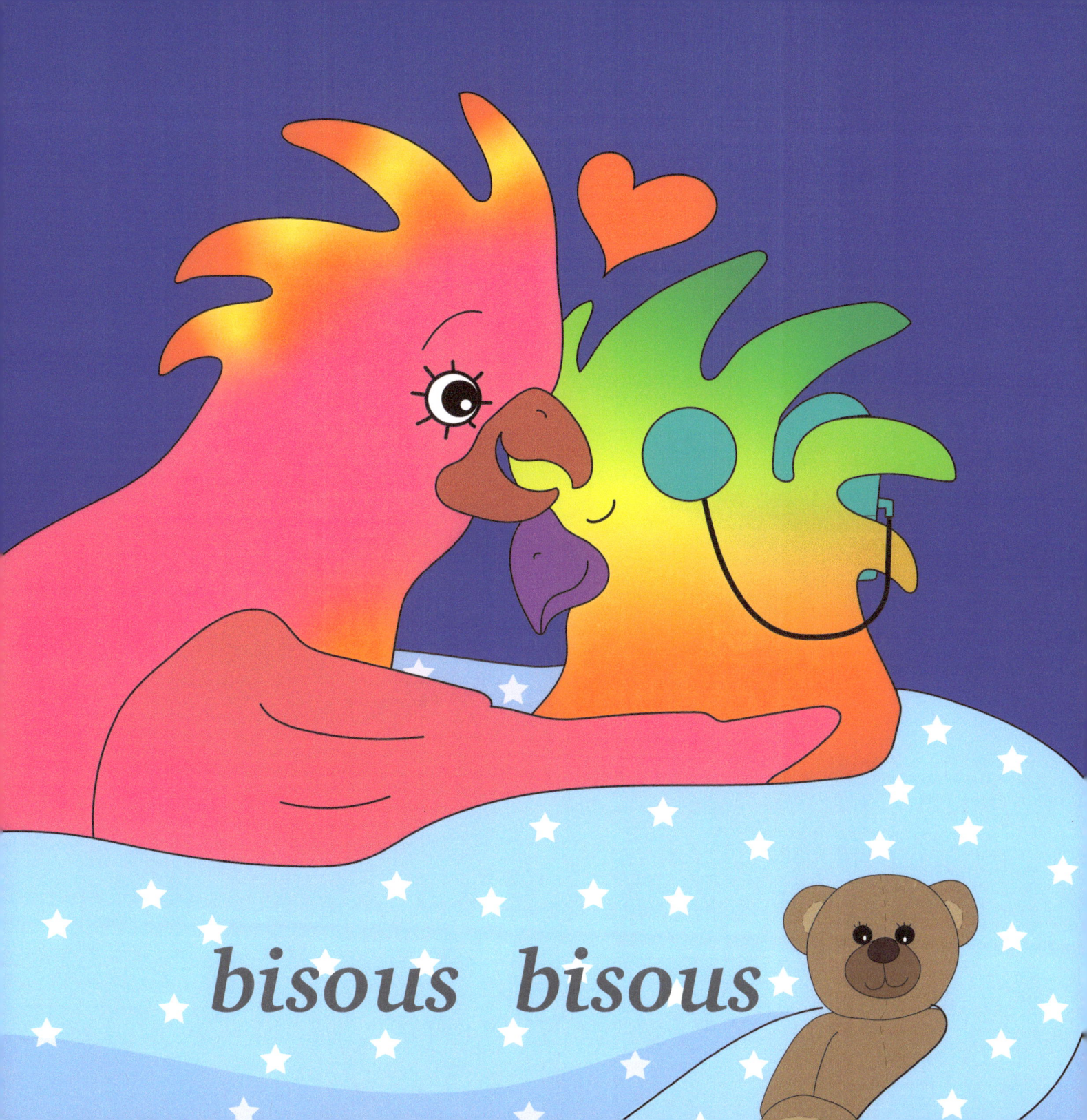

Il aime **s'endormir**
au clair de lune silencieux
dans le **calme** profond
et l'obscurité de
sa chambre douillette.

Avez-vous vu cet autre livre L'oiseau Louis Louis pour les jeunes apprenants ?

L'oiseau Louis Louis toujours aussi espiègle revient dans cette histoire amusante et illustrée de couleurs vives afin d'encourager les jeunes apprenants à pratiquer de nouveaux sons de la langue et d'avoir un échange réactif et réciproque de la conversation avec l'adulte enseignant.

www.avidlanguage.com/livres-en-francais

A propos de l'auteure et de l'illustratrice

Tanya Saunders est la mère de jumelles dont l'une est sourde et porte des implants cochléaires qu'elle appelle "mes oreilles magiques" car elles l'aident à entendre (sans ses implants elle ne peut rien entendre).

Tanya a fondé **AVID Language** pour publier des livres pour les familles avec (ou sans) une surdité: des histoires amusantes et représentantes qui supportent le développement du langage mettant en vedette des personnages sourds et ambitieux. Son but est également de sensibiliser le public.

L'oiseau Louis Louis entend avec ses oreilles magiques
Published by AVID Language Limited, 3 Cam Drive, Ely, CB6 2WH, UK
First published in English in 2020 as "Ling Ling Bird Hears with his Magic Ears"

ISBN:
978-1-913968-76-2

Inclusive books for families
with (and without) hearing loss

www.avidlanguage.com

Text & Illustrations © Tanya Saunders 2020
Translated into French by Dominique Guillou
All rights reserved.

www.ingramcontent.com/pod-product-compliance
Lightning Source LLC
Chambersburg PA
CBHW041119070526
44584CB00002B/211